LE MANUEL DE LA DARONNE

Direction éditoriale : Stéphane Chabenat
Éditrice : Aurélie Goube
Conception graphique et mise en pages :
Florence Cailly
Conception couverture : MaGwen
Illustrations/Textes : Baptiste Staub

Les Éditions de l'Opportun
16, rue Dupetit-Thouars
75003 Paris

www.editionsopportun.com

Baptiste Staub

LE MANUEL DE LA DARONNE

À une mère

Plus canon que Pamela
Mieux coiffée que Leïa
Aussi badass que Lara
Et moins morte que Diana

Je t'aime.

INTRODUCTION

Parler de la maternité alors que l'on est un mec est un projet qui peut sembler foireux à la base. Le sujet étant la chasse gardée des femmes, normal que je récolte quelques missiles chargés en féminarium enrichi au passage. Mais pas de panique, ici tout n'est qu'amour et je ne n'oserais jamais m'abaisser à un machisme primaire... Ce serait mal me connaître.

Et puis, qui de mieux placé qu'un spectateur extérieur et impartial pour parler (enfin) honnêtement du plus bel acte qui soit : donner la vie ?

La question n'en demeure pas moins légitime. En quoi un mec aurait-il une quelconque légitimité à écrire un livre ayant pour titre « le manuel de la Daronne » ? En tant que père, depuis trois ans maintenant, j'ai pu côtoyer une femme enceinte de près vu qu'elle vivait chez moi. Comme les journalistes animaliers, j'ai observé avec attention le quotidien de cette drôle d'espèce qu'est la femme se préparant à devenir maman. Après avoir vécu cette expérience et y avoir survécu, je peux vous assurer, sans me la péter, que j'en connais un rayon sur le sujet. Bien plus en tous cas que certaines « *newbies** » qui viennent à peine de rentrer dans le *game*... ou que le *game* vient à peine d'entrer en elles.

**« Ah bah tu commences bien !
La grande classe... »**

« Mais qu'est ce que tu viens faire ici toi ? »

**« Je viens m'assurer que tu ne racontes pas
trop de conneries. »**

Euh O.K.... Donc, je disais, mesdames, installez-vous confortablement, faites péter votre meilleur plaid de mémé. Sortez la bouteille de Chardonnay pour les vétérantes ou de Tourtel Twist pour celles encore au front. C'est parti !

* débutantes

EUH ... T'ES SÛRE QUE LE FUSIL À POMPE EST INDISPENSABLE ?
T'OCCUPE, DONC, TU DISAIS ... LA MATERNITÉ

QUAND JE PENSE QU'ELLE ME FAIT TOUT UN CIRQUE QUAND JE LUI MARCHE SUR LE PIED ...
ON S'EN BRANLE DE LA PÉRIDURALE, PLUS LE TEMPS POUR CES CONNERIES ALLEZ ON SE SORT LES DOIGTS DU CUL ET ON Y VA !

WARRIORE

Encore un exemple qui souligne à quel point vous êtes un être plein de contradictions. Comme beaucoup, j'avais la bêtise de croire que les femmes étaient des créatures vulnérables et sans défense.

Mais après ce que j'ai vu en salle de travail, je peux affirmer que vous tenez plus de l'ours des montagnes que de la douce petite biche.

Combien de fois je me suis fait pourrir, tout ça parce que je lui avais marché sur le pied sans le faire exprès. Bon O.K., c'était la troisième fois de la journée, mais quand même. À l'entendre, la douleur était si forte qu'elle ne pourrait plus jamais remarcher de sa vie. La voyant s'éloigner en boitant, je me disais qu'elle n'allait jamais tenir le choc de l'accouchement.

Je ne m'étais jamais autant trompé et pourtant j'étais persuadé qu'on allait tous crever en 2012.

Depuis ce jour, je ne culpabilise plus quand je lui marche « accidentellement » sur le pied. Je sais qu'elle saura encaisser, c'est juste qu'elle manque un peu de dignité.

« Désolée j'étais dans la cuisine, t'as dit quelque chose ? »

« Moi ? Non rien. »

Bon O.K., moi c'est le courage qui me fait défaut...

ÉCHO 3D

Voilà sans doute le plus grand spectacle auquel vous assisterez dans votre vie. Encore mieux que le concert de Beyoncé à Bercy ! L'échographie en trois dimensions est sans aucun doute une avancée médicale époustouflante. Imaginez ou souvenez-vous : grâce à cette machine, vous pouvez voir à quoi ressemblera votre gamin alors qu'il est encore bien au chaud dans votre ventre ! Et tout ça sans lunettes 3D en plus !

Attention tout de même. Bien que le rendu reste impressionnant et d'une fidélité incroyable, il faut quand même que votre petit locataire soit immobile, sinon l'image sur l'écran se déformera. Je me rappelle encore l'angoisse quand j'ai vu à quoi allait ressembler mon gamin. C'était un véritable Gremlin qui bougeait dans tous les sens, et pas le tout mignon, « style peluche » mais plutôt celui qu'il ne fallait pas nourrir après minuit…

« Tu dis vraiment n'importe quoi toi.
Il était trop chou. »

« Attends, tu veux qu'on reparle du crâne en forme d'ananas, du sourire à la Jack Nicholson mais version XXL et des huit yeux ? C'est bien simple, l'espace d'un instant, j'ai cru qu'on allait devoir l'appeler Chucky. »

PUTAIN, COMMENT ELLE DÉCHIRE LA DERNIÈRE SAISON
DES JUMEAUX, ALORS ÇA C'EST UN REBONDISSEMENT QUE JE N'AVAIS PAS VU VENIR

32
SEMAINES
32
PACKS

36 PACKS

Beaucoup de futurs papas prennent du volume en même temps que la future maman. Ce phénomène étrange mais très courant porte le doux nom de « couvade ».

Le mystère reste entier sur cette bizarrerie morphologique. De nombreux sociologues et anthropologues ont cherché, en vain, les raisons qui expliqueraient pourquoi le ventre de votre homme gonfle proportionnellement au vôtre. Certains psys parlent de transfert, moi je pense tout simplement qu'attendre un enfant est un travail d'équipe.

Prenons l'exemple de la boisson. Vous ne pouvez plus toucher à l'alcool alors, par solidarité, nous buvons vos verres à votre place. C'est ce que l'on appelle l'ébriété par procuration. Imaginez, pour nous les pères, c'est comme si nous avions la chance d'avoir un SAM tout désigné sur une période de neuf mois ! C'est comme avoir son propre Uber privatisé, alors autant en profiter non ?

Donc, si votre mari en fin de grossesse ressemble plus à Homer Simpson qu'à Ryan Gosling, c'est juste que vous lui en avez donné l'occasion.

Mais mesdames, voyez le bon côté des choses : perdre vos petits kilos superflus post-grossesse deviendra un objectif commun. Une occasion de plus pour vous rapprocher davantage, en faisant du sport ensemble, par exemple. Ça, et prendre soin de bébé bien sûr !

« C'est ça, pars devant je te suis... »

ACNÉ POST PARENTALE

Combien de fois vous êtes-vous déjà retrouvée désespérée, devant votre miroir alors que vous étiez ado, le visage complètement déformé par une vilaine acné ? À cette époque, la calculette Texas TI 82, vous l'aviez dans la peau...

Bien que vous ayez la gueule d'une nana qui aurait malencontreusement cherché des noises à un essaim de frelons asiates sous amphètes, vous prenez votre mal en patience en vous répétant que ce n'est que temporaire, qu'une fois adulte vous serez libérée de tout ce sébum qui vous gâche la vie.

Puis autour des 25 piges, ces vilains boutons commencent à se faire de plus en plus rares. Mieux, pour les plus chanceuses, ils finissent même par disparaître ! Vous vous sentez légère, un nouveau monde s'offre à vous : sans boutons, sans peau grasse, sans plaques rouges. Et là, BIM, vous tombez enceinte, les hormones devienennent complètement dissidentes et ça redevient Verdun sur votre gueule.

La vie est une pute.

MALADIE D'AMOUR

Je ne compte plus les fois où j'ai retrouvé ma femme malade à en crever, tout ça parce qu'elle n'a pas pu s'empêcher quelques jours plus tôt d'embrasser notre petit « grippeux » de gamin.

Comment lui en vouloir ? C'est vrai que lorsqu'on voit notre petit bout souffrant, notre instinct nous pousse à le prendre dans nos bras. C'est alors que nous nous retrouvons en contact direct avec une colonie de microbes prêts à envahir un nouveau camping. Quoi de plus beau que de tomber malade par amour ? Ça, c'est ce que penserait un homme ayant encore peu d'expérience dans ce jeu de dupes qu'est la parentalité.

Qui n'a jamais fait semblant de dormir pour que l'autre se lève afin d'aller voir pourquoi l'enfant braille au milieu de la nuit (une fois, le bras de fer a duré quarante-sept minutes et j'ai perdu, putain !)

Je pense surtout que c'est une technique pour fuir ses responsabilités et nous laisser, à nous, les darons qui avons su garder nos distances, le soin de nous occuper de deux malades à la fois. Le pire, c'est que votre infâme stratagème est enveloppé de bons sentiments, mais on ne me la fait pas à moi !

Mesdames, vous êtes diaboliques.

« Mais n'importe... Comment tu... bordel t'es plus futé que t'en as l'air... »

NON MAIS FRANCHEMENT, EMBRASSER LA PETITE ALORS QU'ELLE A LA GRIPPE ...
TU T'ATTENDAIS À QUOI ?!
ÇA VALAIT LE COUP !
KOF
KOF

P'TIT CON
PAPA
PAPA
PAPA
PAPA
PAPA

CELUI DONT ON NE DOIT PAS PRONONCER LE NOM

Vous avez tout donné pour votre enfant : neuf mois à le porter, neuf mois à faire attention à ce que vous buviez, à ce que vous mangiez. Vous l'avez mis au monde dans les larmes, la sueur et les cris. Vous le nourrissez chaque jour et chaque nuit. Votre vie lui est désormais entièrement dédiée. Vous direz et ferez tout pour lui. Il est devenu votre priorité, la prunelle de vos yeux.

Et ce petit cancrelat, ce petit ingrat incapable de reconnaître la grandeur de votre amour maternel, ce petit bâtard (oui on sait tous que vous le pensez très fort à cet instant précis)... ce petit bâtard disais-je donc, vous remercie en vous regardant droit dans les yeux et en vous claquant sans prévenir son tout premier mot : « PAPA ». Bordel de merde !

Et là, c'est le drame. Tristesse, colère et incompréhension viennent se bousculer dans votre tête. Vous êtes partagée entre l'envie de le féliciter, car il vient tout de même de prononcer son tout premier mot, et celle de lui asséner votre fameux coup de boule qui vous a valu au collège le surnom « d'enclume du 9-3 ».

LE REPOS DE LA GUERRIÈRE

Soyons francs deux minutes et arrêtons de nous mentir. Avoir un gamin c'est la plus belle chose au monde et nanani et nanana mais quand même, ça prend un temps monstre ! Dès que votre môme est réveillé, toute votre attention est tournée vers lui. Vous laissez même dorénavant la porte grande ouverte aux toilettes, tout ça pour garder un œil sur lui... bon ça c'est uniquement s'il n'y a pas papa dans les parages, on est bien d'accord.

Quel parent n'a pas pensé bien fort une fois la porte de sa chambre enfin fermée : « Putain, qu'est ce que ça fait du bien quand il pionce. » Ainsi, chaque nuit, chaque sieste est comme un vendredi soir. On quitte le boulot et on retrouve notre liberté. Enfin libre d'avoir du temps pour soi et de retrouver un semblant d'intimité. On a vite tendance à vouloir faire tout ce dont on a pas le temps quand notre Minimoys sous

Red Bull est réveillé. Mais c'est selon moi une erreur. Quand votre gamin dort, dormez, reposez-vous dès que vous le pouvez car lui, après sa sieste, il aura les Duracel gonflées à bloc et vous avez intérêt à être d'attaque.

DIEU SAIT
QUE JE L'AIME,
MAIS BORDEL, QUEL PIED
QUAND IL PIONCE
ENFIN
!!!
ZZZZZZZ

CHÉRIE, C'EST L'HEURE !
C'EST ÇA APPROCHE ... TU VAS VOIR OÙ IL VA FINIR TON TABOURET ...

DES SENSATIONS PURES

Encore une facette de la maternité que nous ne vous envions pas forcément. Bien sûr, donner le sein est un pur moment de tendresse. C'est plutôt le côté contraignant de la chose qui nous refroidit. Donner le sein ou tirer son lait plusieurs fois par jour et même en pleine nuit, avoir les seins douloureux et les tétons gercés, ça fait pas rêver tout ça. Sauf pour mettre la crème, là on est toujours partants.

Sinon il y a aussi l'option tire-lait. Mais pouvons-nous nous arrêter deux minutes sur cet objet diabolique qu'est la tireuse électrique ? O.K., c'est pratique et ça vous fait gagner un temps considérable, mais merde, le bruit de cette chose me hantera à vie. Franchement un gros respect à vous mesdames. Moi, si on devait me traire plusieurs fois par jour je crois bien que....

« ... Que quoi...? »

Euh on va dire que j'ai rien dit, d'accord ?

UN AMANT DANS LE PLUMARD

Objectophile : n.m. commun, se dit d'une personne qui entretient une relation amoureuse ou sexuelle avec un objet inanimé quel qu'il soit.

En l'occurrence l'objet qui risque de vous faire tourner la tête sera ou a été votre coussin d'allaitement. Arrêtez les filles, je vois déjà un sourire lubrique se dessiner sur vos visages en repensant à votre ancien flirt extraconjugal. Pour celles qui n'ont pas encore goûté aux plaisirs de ce Julio Iglesias en plumes d'oie, sachez que vous tomberez immanquablement sous le charme de son étreinte molletonnée.

Ainsi, vous dormirez chaque nuit entrelacée avec ce maudit traversin, le préférant même aux bras pourtant chargés d'amour de votre homme.

Ce dernier se sentira exclu et rabaissé d'être délaissé au profit d'un vulgaire édredon. Mais réveillez-vous, les filles ! Ce n'est ni plus ni moins qu'un simili de poupée gonflable… une poupée gonflable qui mériterait bien quelques coups de cutter…

WOUUUAH MON CŒUR, C'EST TOI QUI AS FAIT ÇA ?! CHÉRI, VIENS VOIR VITE ! NOTRE FILS EST UN GÉNIE … JE SUIS SÛRE QUE PICASSO NE DESSINAIT PAS AUSSI BIEN À CET ÂGE …
MAINTENANT SI JE LUI DIS QUE C'EST MOI QUI L'AI FAIT, ÇA LA FOUT MAL …
QUÊ?

SO PROUD

Désormais, un tas de sentiments et d'émotions vous dépassent, prennent le contrôle de votre vie. Chacun réagit à la parentalité à sa manière mais nous avons tous un point commun. C'est cette fierté totalement déraisonnée dès qu'il s'agit des « exploits » de notre descendance.

Ainsi, chaque nouveau geste, chaque nouveau mot deviendra un véritable événement. Même le poids de votre gamin à la naissance se transformera en sujet dont vous pourrez vous vanter. Vous ne serez alors pas mieux que votre grand-oncle Gérard qui gonflait tout le monde à table quand il parlait de cette fameuse truite sauvage de plus de 4,7 kilos qu'il avait réussi à remonter sans péter la ligne.

Vous en êtes presque à appeler BFM pour que la France entière sache que votre gamin a réussi à mettre sa chaussette tout seul…

« Attends, à 14 ans c'est vachement balèze quand même ! »

SPORT

Le sport, encore une activité qui deviendra un poil plus contraignante une fois le soufflé en train de monter. Le sport n'est pas déconseillé pour les femmes enceintes mais j'aimerais cependant soulever un point :

Prenons l'exemple de la joggeuse et mettons-nous à la place du fœtus. Imaginez, vous êtes là, 37 degrés au thermostat, en position fœtale, au calme. Vous vous enfilez votre sixième mojito placenta. Tout semble indiquer une belle journée de farniente et là, soudainement tout votre joli studio si bien aménagé se met à trembler dans tous les sens. Vous vous retrouvez balloté de droite à gauche. Une vieille playlist de motivation Deezer se met à résonner. La température monte d'un cran et pas moyen d'ouvrir une fenêtre. Et je ne vous parle pas de vos mojitos qui ont maintenant un goût douteux d'Isostar. Mauvais délire.

« Un studio ? Moi je voyais plus ça comme une sorte de piscine chauffée. »

VIVEMENT LE DEUXIÈME ... COMME ÇA JE POURRAI BOSSER LES DEUX BRAS EN MÊME TEMPS

ONÉSIME
...
C'EST PAS MAL
ONÉSIME
OU SÉRAPHIN,
C'EST MIGNON
ÇA AUSSI
...
QUAND JE PENSE
QUE TU M'AS REMBARÉ
QUAND J'AI PROPOSÉ
ALBATOR
...

LE BLASE II
LE RETOUR

Le choix du prénom est l'une des étapes les plus importantes lors de la conception d'un être vivant. C'est en effet lui qui va définir son identité. C'est une chose qu'il traînera toute sa vie comme une fierté ou comme un boulet. C'est quand même une sacrée responsabilité que vous avez entre les mains et qui vous oblige à choisir le meilleur pour votre enfant.

C'est aussi à cet instant que bien des couples réalisent qu'ils ne partagent pas autant de choses qu'ils auraient pu le croire. Alors que l'un penche plutôt pour « Eugène » l'autre préfèrerait un « Ryan ». Cette confrontation inattendue d'opinions peut vite tourner au vinaigre. Mais ne vous formalisez pas outre mesure, tant que l'un d'entre vous ne souhaite pas appeler son gosse Kevin, y a pas de raison de divorcer.

Certaines études avancent même l'hypothèse que les prénoms tiennent un rôle important dans la définition de notre caractère. Si tel est le cas, laissez-nous au moins choisir le deuxième prénom. Ainsi si votre gamin s'appelle Augustin mais que son deuxième prénom est Sangoku, les petites frappes de la récré y réfléchiront à deux fois avant d'essayer de lui taxer ses cartes Pokémon.

« Sangoku... n'importe quoi, pourquoi pas Goldorak ? »

« Goldorak ? Mais t'as quel âge ? 40 ans ? »

RÉACTIONS PRÉCOCES

Quoi de plus déroutant que de voir une future maman s'extasier sur les mouvements imaginaires de son petit embryon alors qu'elle n'est qu'à quelques semaines de grossesse.

Sachez que, bien que nous venions voir poliment et fassions mine de nous émerveiller sur un délire engendré par un cerveau noyé sous les hormones, nous autres, vos compagnons aimants, avons envie de vous chuchoter à l'oreille :

« Mais bordel meuf, à cette heure-ci, le môme c'est qu'un putain de têtard ! Le machin, il fait la taille d'une noix de cajou et tu viens me gonfler pendant *Plus belle la vie* avec tes histoires de coups de pieds imaginaires ?! Mais tu déraille, ma pauvre ! »

Après, je comprends que l'impatience et l'excitation vous jouent des tours mais gardez la tête froide, les filles. Vous aurez amplement le temps de « profiter » des exercices de Zumba endiablés et possiblement nocturnes de votre enfant quand vous arriverez au dernier trimestre.

« Chéééééri viens vite il a encore bougé. »

« Oh putain je vous laisse... »

« ... J'arrive, c'est bon j'ai rechargé mon tel' on va pouvoir filmer. »

CHÉRI REGARDE, LE P'TIT A BOUGÉ ! C'EST DINGUE !
T'EN RAJOUTES PAS UN PEU TOI ... À CETTE HEURE-CI C'EST À PEINE UNE NOIX DE CAJOU

ALLEZ ! C'EST BIEN MON AMOUR ! CONTINUE COMME ÇA ! ÇA Y EST, JE VOIS LE BOUT DU TUBA !!!

WATER WORLD

L'accouchement aquatique a le vent en poupe, ces dernières années. Comme son nom l'indique, c'est une méthode qui consiste à mettre au monde son enfant façon Aquaman. Apparemment, accoucher dans la flotte présente de nombreux avantages, comme celui de faire naître l'enfant dans une eau à la même température que le corps de la maman. N'ayez pas peur qu'il boive la tasse. N'oubliez pas qu'il détient déjà un record d'apnée de neuf mois à son actif.

Il se trouve aussi que l'eau possède un effet relaxant qui aurait le don d'alléger la douleur. Bizarrement, je n'ai encore jamais vu un médecin vider une bouteille de Cristaline sur une fracture ouverte quand il était à court de médoc. Et j'ai fait médecine.

« T'as PAS fait médecine. »

À propos de douleur, les filles, une chose à savoir sur cette méthode. L'accouchement dans l'eau ne permet pas la pose d'une péridurale. Aucun souci à se faire, apparemment l'eau serait un bon dérivé de la morphine... donc ça devrait rouler... enfin couler. Blague à part, la plupart des femmes ayant accouché par cette voie ont adoré l'expérience. En même temps, quand il y a un bon bain chaud dans l'équation, il y a peu de femmes que ça rebute.

Une dernière chose, et là je m'adresse aux messieurs qui lisent ces lignes. Même si ça part d'une bonne intention, ne lui passez pas de compile de chants de baleines pour la relaxer parce que là, vu le contexte, ce serait très malvenu.

JACKIE ET MICHEL MASTER CLASS

À un certain stade de la grossesse, faire l'amour devient une chose moins évidente que d'habitude. Déjà, pour commencer il y a l'aspect psychologique qui entre en jeu. Car oui, chaque homme a déjà eu peur, et ce quels que soient les attributs dont l'a doté mère nature, de cabosser la boite crânienne de son futur bambin par ses fougueux coups de bassin dont lui seul a le secret.

« C'est dégueulasse... »

Mais il y a aussi le côté purement technique qui entre en jeu. Avec un ventre de près d'un mètre trente de circonférence, votre panoplie de positions fétiches s'en voit grandement amputée. À moins d'être créatif ou extrêmement souple, il n'y aura pas trente-six chemins pour arriver à Rome.

Alors comme dit la chanson :

« You and me baby ain't nothin' but mammals
So let's do it like they do on the Discovery Channel »[1]

Ça, c'est pour ceux qui ont grandi dans les années 90.

1. Toi et moi, bébé, ne sommes que des mammifères
Donc faisons-le comme ils le font sur *Discovery Channel*

LE TEST DE GROSSESSE

Le test de grossesse est ce qui se rapproche le plus de la boule de cristal. Car oui nous avons tendance à l'oublier, mais ce petit bâtonnet de plastique est capable de prédire votre avenir. Et je ne parle pas de l'avenir proche genre horoscope du matin tout pété du *20 Minutes* hein ! Non là, on parle d'avenir à long terme, genre prêt immobilier avec intérêts s'étalant sur toute votre vie.

Si vous êtes déjà parti en « mission test de grossesse », vous savez qu'il existe quelques précautions à prendre lors de votre achat. Petit rappel pour celles et ceux qui auront à effectuer cette périlleuse mission.

Ne pas aller dans une pharmacie ou un commerce trop proche de chez vous. C'est un coup à croiser la vieille voisine fan d'Enrico Macias et cinquième dan en commérage option langue de pute.

Une fois le colis récupéré, glissez-le dans un sac opaque ou bien une poche intérieure pour les raisons citées plus haut.

Certaines novices vont essayer d'uriner directement dessus. Grosse erreur ! Car sur la plupart des tests il est indiqué qu'il faut « arroser » le test durant une vingtaine de secondes ce qui, à moins d'avoir sifflé trois pintes de blonde, arrive rarement. Déjà que nous les hommes ne sommes pas franchement des as de la précision alors que nous sommes, il faut le dire, mieux équipés, je vous laisse imaginer le désastre sur vos doigts.

« T'es vraiment un gosse. »

Prenez un verre dans lequel vous laisserez reposer le tout pendant le temps indiqué, ça vous évitera bien des tourments. Enfin, jetez le verre ou brûlez-le, car bon, soyons sérieux, vous avez quand même pissé dedans...

J'EN AI PLEIN LES DOIGTS MAIS JE M'EN TAPE
...
JE SUIS ENCEINTE !!!!

PANTALON FÉTICHE

Bon les filles, on va maintenant aborder un sujet qui peut s'avérer sensible, mais il faut que je sache. Quelle est cette obsession, une fois enceinte, de vouloir essayer mois après mois de rentrer dans votre ancien pantalon fétiche ? Votre corps évolue immanquablement, votre pantalon non. L'échec est inévitable, alors pourquoi ?

Je peux concevoir que ce pantalon représente le symbole de votre ancienne silhouette et que cela devienne le symbole de la vie que vous avez décidé de laisser derrière vous. Mais selon moi, c'est se rajouter du poids sur les épaules alors que vous en avez déjà pas mal dans le bide…

« T'es d'une finesse parfois. »

Enfin, tout ça pour dire que vous devriez mieux choisir votre futal fétiche pré-grossesse. Par exemple, si vous choisissez un pantalon de survêt à pressions, je vous garantis que vous aurez moins de tracas qu'avec un jean slim taille 38.

REGARDE CHÉRI ! C'EST FOU JE RENTRE ENCORE DEDANS. JE SAVAIS QUE JE N'AVAIS PAS PRIS TANT QUE ÇA ...
ÇA VA EXPLOSER !

DIS MOI, T'ES SÛRE D'ÊTRE QU'À DEUX MOIS DE GROSSESSE ?
C'EST PAS LE BÉBÉ. C'EST MA VESSIE ...

EN MODE CHAMEAU

À la liste déjà exhaustive d'objets se trouvant dans votre sac à main viendra immanquablement s'ajouter la bonne grosse bouteille d'eau d'un litre et demi. Bouteille que vous devrez siffler en une demi-journée pour votre bien-être et celui de votre rejeton.

Une femme enceinte, à terme, porte approximativement sept à huit litres d'eau en son « sein »... enfin plutôt en son ventre sinon ça ferait un sacré nib...

« Tu t'égares, chéri... »

L'eau est le nerf de la guerre pour une femme enceinte. Pour plusieurs raisons : pour commencer, l'appart de votre locataire est constitué majoritairement d'eau. Il vous faudra donc renouveler constamment son environnement.

Il semblerait aussi que boire vous préserve des coups de fatigue. Marche aussi avec du Red Bull ou tout autre boisson accompagnant bien la vodka. La caféine est déconseillée mais la taurine ça passe... enfin je crois.

HOMME ENFANT

On a tous, au plus profond de nous, un enfant qui résiste aux années qui s'accumulent. Regardez le nombre d'adultes qui jouent aux jeux vidéo ou s'achètent encore des figurines de leurs héros préférés. Combien lisent toujours à leur âge des mangas et autres comics ? Les légendes racontent même que certains trentenaires arpenteraient les rues affublés de T-shirt Tortues Ninja vintage. Les femmes, quant à elles, ont su, en général, grandir au même rythme que leur corps... Oui c'est chelou comme phrase mais ça résume assez bien mon idée.

Comment faire face à un enfant qui a le pouvoir d'achat d'un adulte ?

Par exemple, quand votre homme était gamin, il devait attendre avec impatience Noël ou son anniversaire pour se voir, peut-être, offrir la dernière console. Ses parent ne

MON DIEU ! C'EST PAS UN GAMIN QUE JE VAIS AVOIR MAIS DEUX !
ET EN PLUS Y EN A UN QUI A UNE CB
TROP MOOORTEL
JE PEUX ?
JE PEUX ?

jouant pas aux jeux vidéo, ce n'était clairement pas un achat auquel ils auraient pensé d'eux-mêmes. Alors que nous, demain si la dernière PlayStation sort sur le marché, on va pas attendre l'anniv' du p'tit pour « lui offrir ». Non, elle sera déjà en préco à la Fnac depuis un bail.

Il faut vous y faire, les temps ont changé. Assurez-vous juste de récupérer toutes les cartes du compte commun avant l'arrivée du bébé.

HORMONE FURY

Une fois enceinte, l'échelle d'intensité de vos réactions émotionnelles sera complètement biaisée (et j'ai pas dit baisée... oui ça marche aussi je sais). À un moment, tout deviendra binaire. Soit tout ne sera que papillons, bulles de savon et barbes à papa, soit, bah c'est la merde quoi. Colère, tristesse, éclats de rire nerveux, excès de violence et j'en passe. C'est une véritable tempête d'émotions qui fera rage en votre for intérieur, faisant passer Katrina pour une petite bruine.

Note à tous les mecs qui lisent ces lignes :

Certaines situations bien spécifiques peuvent déclencher ces fameuses tempêtes hormonales. Il s'agit de les repérer au plus tôt afin de ne pas tomber dans le piège.

- Ne pas regarder un film triste.
- Éviter de croiser les animaux de type « troooop mignon ! »

- Ne surtout jamais, je dis bien jamais, laisser traîner ses chaussettes dans le salon... JAMAIS les gars.

- Aimer tous les plats qu'elle préparera.

- Ne jamais lui faire de réflexion sur son corps qui change... quoi qu'il pourra aussi vous être reproché de ne pas vous intéresser à elle. Non, celle-là, vous vous la mangerez quoi qu'il arrive.

- Ne plus lui acheter de fleurs, ça meurt trop vite, et vous ne voulez pas en rentrant du boulot avoir la vision de votre femme, les yeux perdus sur un bouquet noirci par le temps, délirant en larmes sur la fugacité de la vie et la fragilité de la beauté.

« Non mais toi alors, pour qui tu nous fais passer là encore ? À t'entendre, on est toutes des tarées en puissance. »

« Désolé mon cœur, je ne le ferai plus. »

Ah oui, règle ultime... Elles gagnent TOUTES les embrouilles. Cherchez pas à avoir raison ça n'en vaut pas la peine.

« Snif snif... de si jolies jonquilles... »

PLANQUEZ-VOUS !!!

MENACES INTRA UTERO

Votre enfant n'a pas encore pointé le bout de son nez et pourtant il vous fait déjà sentir qu'il fait partie de la famille. Les futures mamans qui n'ont pas encore goûté aux joies du dernier trimestre, pensent savoir de quoi je parle. Erreur, car ici il n'est pas question de la jolie petite main que l'on voit apparaître sur votre paroi stomacale. Là, en l'occurrence, il s'agira plutôt de bons gros coups de pied à la Van Damme et autres cascades maison dont ils ont le secret. Au début, vous serez émue par tant de vitalité, mais très vite, cette vitalité vous poussera à bout.

Donc, comme maintenant il fait partie de la famille, il aura le droit au même traitement que votre amoureux. Vous pourrez ainsi exercer sur eux toutes formes de menaces et autres chantages affectifs quand ces derniers vous pousseront à bout.

ALORS SOIT TU ARRÊTES DE BOUGER ET TU ME LAISSES DORMIR ...
SOIT
JE M'ENFILE TOUT LE PAQUET

« Non mais c'est quoi ce délire ? J'ai jamais menacé notre enfant. »

« Tu veux qu'on reparle de la fois où tu l'avais menacé de, je cite : "Le mettre sur le Bon coin dès sa naissance s'il n'arrêtait pas de faire du trampoline sur ta putain de vessie ?" »

« Oui mais je... Enfin... De toute façon tu dramatises toujours tout. »

PEINTURES DE GUERRE

Cette page s'adresse aux nouvelles dans le *game*, celles pour qui tout est nouveau et par conséquent, source d'angoisse. Appelée aussi *Linea nigra* par l'intelligencia hispanophile, la ligne brune est une décoloration de la peau qui part du périnée pour remonter jusqu'au nombril. Elle vient s'ajouter à la liste des effets secondaires provoqués par les dérèglements hormonaux.

Attention, n'allez pas vous esquinter la peau en essayant de la faire partir à coups de gommage frénétique. Laissez le temps au temps. Elle partira toute seule.

En ce qui me concerne, j'ai deux théories concernant l'apparition de cette mystérieuse marque. C'est soit Dame Nature qui vous affuble de peintures de guerre façon *Braveheart* pour vous préparer au futur combat ; soit une ligne qui indique au chirurgien le sens de découpe pour aller récupérer le colis en cas d'intervention. Un peu comme ce pictogramme avec les petits ciseaux que l'on voit sur les cartons de déménagement.

« Mais non, t'y es pas du tout. C'est une sorte de barre de téléchargement. »

RÉGIME FORCÉ

Sans doute l'aspect le plus contraignant de la grossesse... Bon O.K., l'accouchement mis à part... Mais quand même, devoir se priver de tous ces délices, de quoi faire naître quelques ressentiments à l'égard du futur héritier.

Bon, si vous êtes végétarienne, vous priver de charcotte ne devrait pas être insurmontable et je ne parle pas des vegans, qui arrivent à survivre sans cochonnailles et sans FROMAGES. Pour elles, ça sera du gâteau, mais pour la plupart d'entre vous cela relèvera du sacerdoce.

C'est là que vous commencerez à faire des choses auxquelles jusqu'alors vous n'auriez jamais songé. Le saucisson de dinde deviendra un mets des plus raffinés et la Tourtel Twist saveur pamplemousse rose, la meilleure boisson que vous ayez jamais bue. Certaines iront même jusqu'à essayer le vin sans alcool, oui j'ai bien dit vin sans alcool, pas jus de raisin.

« C'est vrai que la grossesse nous fait faire des trucs vraiment cons parfois... »

C'EST COMME SI J'AVAIS UN MINI BUREAU PORTABLE !

FEMMES SURACTIVES

C'est un fait, le monde du travail, c'est la jungle pour tout le monde, mais le monde du travail pour une femme c'est la jungle version post-apocalyptique, avec des gorilles mutants et les fauves génétiquement modifiés qui vont avec. La principale raison à cela, mis à part votre intellect moins développé,

...

Ouf, ça va elle est pas dans les parages. Je disais donc, que la principale raison était le manque de productivité pour les entreprises quand l'une de ses « butineuses » est en cloque. Point de vue fort limité à mon sens car comment renouveler le stock de butineuses et agrandir la ruche si celles-ci ne pondent pas ?

Et donc, peut-être par culpabilité ou par pur esprit de challenge, certaines femmes mettent les bouchées doubles au boulot une fois leur grossesse officialisée. Je suis de ceux qui pensent que les femmes sont plus bosseuses et souvent plus consciencieuses car elles pensent avoir plus à prouver. Alors imaginez la quantité de boulot abattu par ce type de nanas.

Si j'étais un patron, je n'embaucherais que des femmes avec une brioche au four ou ayant signé une attestation certifiant vouloir donner la vie dans les prochains mois sous peine de licenciement. Je suis sûr que je défoncerais Apple en moins de trois ans avec cette stratégie.

« J'aime bien ton idée, mais est-ce que les siestes seront comptées en heures sup ? »

LUBIES PATERNELLES

Dorénavant, veiller au bien-être de votre enfant sera l'un de vos *leitmotivs*. Mais le bien-être englobe bien des choses. Le nourrir, le garder propre même si il n'y met pas du sien sont désormais les objectifs quotidiens de votre nouvelle vie. Cependant cela ne s'arrête pas là. Maintenir votre petit trésor à l'abri des lubies de son papa, voilà une tâche bien plus ardue.

Pour être honnête, nous aussi les pères avons quelques travers, je dois bien l'avouer. Nous nous enflammons pour un rien et pouvons avoir, dans certains cas, la folie des grandeurs quand il est question de notre progéniture. Ajoutez à cela un esprit de compétition mal placé et vous obtiendrez un papa qui se mettra en tête que son enfant sera le premier au monde à courir le 100 mètres en 9 secondes, avant même qu'il n'ait eu sa première dent.

Vous serez l'unique rempart à cette folie, alors restez sur le qui-vive. D'ailleurs, savez-vous ce que sont en train de faire votre mari et votre enfant, pendant que vous lisez ces lignes ?

MAIS QU'EST- CE QUE TU FABRIQUES ENCORE ?!?
T'INQUIÈTE, DANS TROIS JOURS IL MARCHE !

DANS TON CUL !

Une fois que votre enfant saura parler, il emploiera ce nouveau don afin de mieux comprendre le monde dans lequel il vit. Dans sa quête de connaissance, il utilisera essentiellement deux questions. Le fameux « pourquoi ? » ainsi que le non moins célèbre « c'est où » ? Ces deux petits enchaînements de mots vous reviendront tellement souvent aux oreilles qu'ils mettront à mal votre patience légendaire.

Vous serez forcément un jour tentée de lui répondre « dans ton cul ! » quand il vous aura demandé pour la cinquantième fois en cinq minutes : « Il est où mon doudou maman ? » À ce moment-là ne sombrez pas dans l'autoflagellation, tous les parents du monde sont passés par là. Si vous sentez que cela doit sortir, utilisez une langue étrangère. Vous imaginez si les premiers mots d'anglais qu'il apprenait était « in your fucking ass ! ». La classe non ?

Autre chose, ne tentez pas de vous défiler en répondant à la question « pourquoi » par « parce que » vous aurez alors droit au déroutant « pourquoi parce que ? »

DIS PAS DANS TON CUL.
DIS PAS DANS TON CUL.
...
MAMAN,
MAMAN,
MON DOUDOU
MON DOUDOU
MAMAN,
MAMAN, IL EST OÙ MON DOUDOU ?
MAMAN,

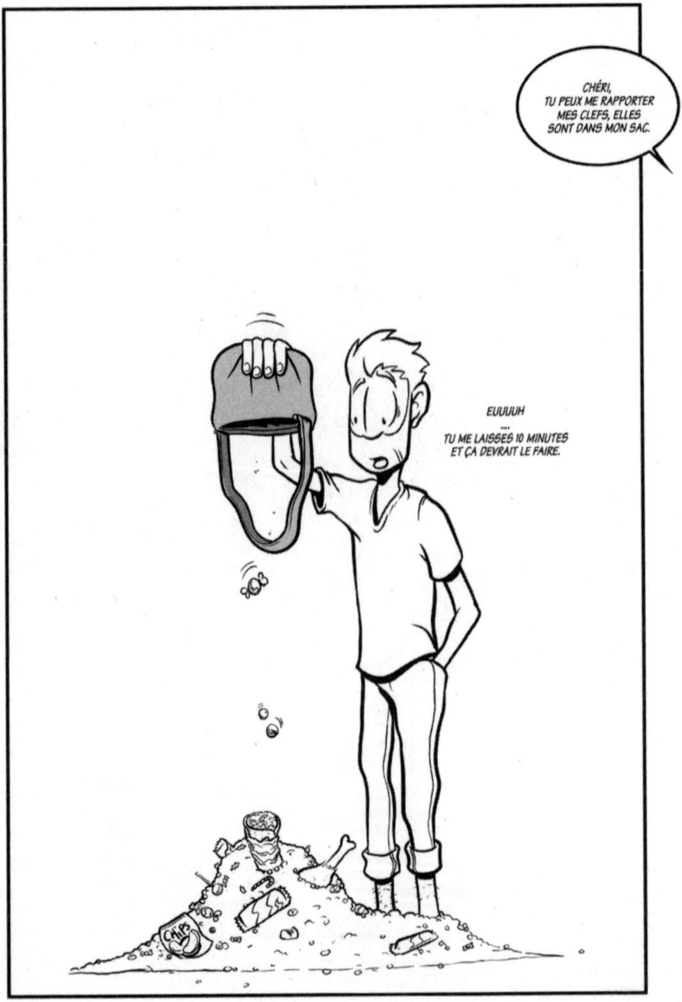
CHÉRI, TU PEUX ME RAPPORTER MES CLEFS, ELLES SONT DANS MON SAC.
EUUUUH .... TU ME LAISSES 10 MINUTES ET ÇA DEVRAIT LE FAIRE.
CHIPS

GOURMANDISE

Certaines femmes développent avec leur grossesse une gourmandise qui peut prendre des proportions incontrôlables. Bien sûr, les femmes sont gourmandes par nature. Au restau, vous tapez toujours dans nos dernières frites alors que vous avez préféré pencher pour le côté équilibré d'une salade César. Mais là, il est question d'un appétit qui tient plus de l'ogre que de l'être humain.

Peut-être que vous n'attendiez que ça pour enfin vous livrer à vos bas instincts, pouvant enfin dévorer tout ce que vous avez toujours secrètement voulu sous couvert d'une grossesse qui masquera les kilos accumulés ? C'est vrai, qui n'a jamais hésité à demander à une femme si elle attendait une fille ou un garçon par peur qu'elle soit juste forte. Attention je ne juge personne ici. Je ferais exactement la même chose. Quand il s'agit de bouffe, tous les coups sont permis.

Après, il faut juste espérer que vous soyez plus sucré que salé car un paquet de bonbons oublié au fond d'un sac passe encore, mais un restant de camembert, là ça craint.

OISEAU DE NUIT

Tout le monde a déjà connu ça. Vous passez une superbe nuit. Vous faites un rêve qui met en scène Jon Snow, un saladier de mojito et une bouteille d'huile de massage. Quand tout à coup, vous vous réveillez. Et là, c'est la galère. Impossible de retrouver le sommeil.

Maintenant, imaginez cette même insomnie après avoir donné sa tétée nocturne à votre marmot. Ce dernier, ingrat comme à son habitude, s'est rendormi illico. Vous laissant là, seule dans le noir, les yeux grands ouverts tel un hibou dans la nuit. Votre mari, quant à lui, ronfle à gorge déployée, atteignant des fréquences sonores qui vous étaient jusque-là encore inconnues. Et je ne parle pas du chat, qui a depuis longtemps déjà, arrêté de vous considérer comme une personne mais bel et bien comme son édredon personnel et qui, même si vous bougez, restera collé à vous comme si la gravité n'avait aucun effet sur lui.

Bref, une bonne nuit de merde en perspective.

« T'as oublié de parler du réveil qui fait lentement défiler les heures juste pour me narguer. »

TU COMPRENDS, MAINTENANT JE MANGE POUR DEUX
...
DERNIÈRE FRITE
L'ORDURE
ELLE M'A DÉJÀ FAIT LE COUP AVANT-HIER AVEC LA DERNIÈRE PART DE BROWNIE.

ARGUMENT DE PERSUASION MASSIF

Tout papa ou futur papa a déjà entendu cet argument à la con, mais tellement imparable. Étant enceinte, vous vous sacrifiez, il faut bien l'avouer, un peu plus pour l'équipe. N'ayant pas pris pour habitude d'en faire plus que l'autre dans votre couple, vous avez donc créé l'équivalent de la bombe H pour obtenir systématiquement gain de cause. Vous jouissez désormais d'une arme de persuasion que vous n'hésitez pas à utiliser quelle que soit la situation. Reste une frite dans le plat : « Je mange pour deux. » Un film que vous ne voulez pas voir à la télé : « Je pense que toute cette violence, ce n'est pas bon pour le bébé. » Je continue ? Le pire c'est que malgré notre profonde « dégoutitude », on n'a pas le droit de l'ouvrir car on passerait pour le dernier des enfoirés et c'est là tout le génie de cette technique. J'ai beau avoir cherché, je n'ai, jusqu'à maintenant, toujours pas trouvé de parade.

Mais là où ça frise littéralement le divin, c'est que le pauvre futur papa croit qu'il lui suffira d'attendre patiemment neuf mois pour échapper enfin à cette vie de servitude. Grossière erreur, car vient ensuite l'argument ultime de l'épreuve de l'accouchement. Et là, malheureusement, le moment où il sera enfin libéré ne dépend que du niveau de perfidie de sa femme. Généralement, au moment où ils décideront d'en faire un deuxième...

PLUMARD OBLIGATOIRE

Il peut arriver que votre médecin vous force à rester au lit durant les dernières semaines de votre grossesse. Beaucoup de femmes vivent mal le fait d'être alitée. C'est vrai que ne pas être libre de ses mouvements est une option peu réjouissante. Cependant, à tout malheur bonheur est bon ! Avec quelques aménagements, cette période d'attente peut devenir nettement plus confortable. Demandez à votre homme de transvaser tout l'équipement audiovisuel de votre salon à votre chambre, il vous doit bien ça. Un minifrigo et un four à micro-ondes mettront la touche finale à votre nouvel antre. Vous aurez ainsi l'impression d'être en première classe sur Fly Emirate.

Vous pourrez alors vous mettre à jour sur les séries et films que vous n'avez pas eu le temps de voir. L'occasion pour vous de *spoiler* sans vergogne votre conjoint sur sa série préférée. Y a pas de petit plaisir !

C'est aussi durant cette période que vous vous trouverez une soudaine nouvelle passion. Ainsi, à raison de douze heures par jour, il est fort probable que vous deveniez un as du point de croix en un rien de temps !

Enfin, pour vous aider à relativiser, dites-vous que vous prenez de l'avance sur les heures passées au lit qui, bizarrement, se feront plus rares dans quelques semaines.

ÊTRE ALITÉ, POUR UN MEC, ÇA DONNE ÇA

PAPA
MAMAN

AMOUR EXCLUSIF

C'est de notoriété publique, les petits garçons vouent un amour inconditionnel à leurs mères. À la limite du culte religieux. Ici, maman devient une icône sacrée. Plus rien n'existe et n'a le droit d'interférer dans cet amour passionnel, pas même papa. Ce dernier est relégué au rang de spectateur quémandant la moindre interaction avec son fiston, quitte à faire les basses besognes.

Tel le mal aimé, le papa sera implacablement rembarré par votre petit gars, préférant la peau douce et l'odeur sucrée de sa maman aux mains calleuses et à la barbe hirsute de son père. Allez savoir pourquoi !

Mais cette relation fusionnelle revêt aussi quelques inconvénients. La majorité des couches à changer, ce sera pour votre pomme, et ne pensez pas pouvoir aller aux chiottes en solo, faut pas déconner. Bref, vous n'aurez plus un moment à vous, et irez même jusqu'à vous plaindre au papa en manque d'amour qui, lui au contraire, ne demande que ça.

C'est un peu comme si vous alliez vous plaindre à un mec qui crève la dalle du fait qu'il n'y a pas assez de ketchup dans votre double cheese...

Ça ne se fait pas.

SAUVEZ WILLY

....

« .... »

....

« ..... »

O.K., je sors.

DONC, JE RÉCAPITULE ... STEACK HACHÉ, SALADE, TOMATE, OIGNON, NUTELLA, PEPPERONI, BOURSIN HARISSA, BARBE À PAPA, CHOUX ROUGE, GLACE PISTACHE ET POUR FINIR CHANTILLY ... ET TU VAS MANGER CE TRUC ?
OUAIS ET ?
NON RIEN ... BON APPÉTIT.

ENVIES DOUTEUSES

Je pensais que c'était un mythe, une légende urbaine. Mais quand j'ai vu ma femme bouloter goulûment une assiette entière de pâtes au caramel au beurre salé, je ne pouvais plus me voiler la face. La femme enceinte est décidément un être bien chelou.

Alors qu'elle multipliait ses expériences culinaires, un éclair de génie me traversa. L'idée du siècle qui allait enfin me rendre milliardaire.

Imaginez un restaurant spécialisé dans vos drôles d'envies. Dans ce restaurant inédit, vous auriez le loisir de déguster de succulents cocktails de crevettes au Nutella, ou encore le mondialement connu kebab barbe à papa sauce Dallas.

Je voyais déjà un succès mondial avec la création d'une franchise, mais bizarrement les banques ne m'ont pas suivi, allez savoir pourquoi.

« Je pense que le monde n'était pas encore prêt, mon chéri... »

ÉPISIOTOMIE, OH OUI !

L'une des expériences les plus traumatisantes de ma vie. J'ai effectivement eu l'occasion de voir, bien malgré moi, un bref aperçu d'une épisiotomie réalisée en *live* sous mes pauvres yeux innocents. Depuis ce jour, quelque chose est cassé en moi. Même les films mettant en scène des tueurs en série qui zigouillent à tour de bras de jeunes pucelles en colo me laissent de marbre.

L'épisiotomie, pour les profanes, est un acte chirurgical qui consiste à filer un bon vieux coup de scalpel dans le périnée afin de… comment pourrait-on dire… agrandir les portes vers la liberté. Je peux vous paraître cru, mais il faut bien que vous compreniez une chose : en tant que mec, il est psychologiquement, je dirais même génétiquement, inconcevable de se faire ouvrir le zob. C'est au-delà de notre appréhension du monde. Je sais déjà ce que vous allez me dire, que le périnée n'est pas le sexe de la femme. Et je rétorquerai : on s'en branle, faites-le passer par le dos, j'en sais rien moi, mais laissez cette zone intacte…

ALLÔ LES URGENCES ? ... C'EST MON MARI, IL EST TOMBÉ SUBITEMENT DANS LES POMMES !
TRÈS BIEN MADAME RACONTEZ-MOI TOUT CE QUI S'EST PASSÉ JUSTE AVANT SON MALAISE.
RIEN DE SPÉCIAL, ON DISCUTAIT TRANQUILLEMENT ... JE LUI EXPLIQUAIS LE PRINCIPE DE L'ÉPISIO...
VOUS EXPLIQUIEZ À UN HOMME ADULTE LE PRINCIPE D'UNE ÉPISIOTOMIE ? MAIS VOUS ÊTES COMPLÈTEMENT INCONSCIENTE MADAME !!!

« Arrête chéri, calme-toi. C'est encore ton stupide cauchemar qui te refait délirer... Les hommes et leur zizi, je vous jure. »

Non... arrêtez... pas le zizi... Laissez-le tranquille, il est gentil...

FAITES VOS VALISES

Déjà que c'est une galère de préparer les valises avec vous pour partir en vacances, mais alors là, c'est une tout autre histoire. Même si, en moyenne, une femme ne reste que quelques jours à la maternité, préparer ses affaires pour cette courte période relève du véritable casse-tête.

Après, je comprends tout à fait la démarche. Vous allez y rester quelques jours, certes, mais avec l'épreuve qui vous attend, je peux tout à fait comprendre que vous ne vouliez manquer de rien. Malgré tout, cela n'empêche que certains abus ont quand même du mal à passer.

Par exemple, pourquoi avoir besoin d'un fer à friser, bordel ? Ou même, allons chercher moins loin, le maquillage. S'il y a bien un endroit où vous pouvez être sans artifices, c'est à la maison ou à l'hosto. Oui, parce que vu votre état, ça va être chaud de dragouiller l'interne de service, alors oubliez les faux cils et toute la panoplie, ça fera déjà cinq kilos en moins.

Pensez un peu à nous, c'est quand même nous qui faisons office de bagagiste dans cette histoire.

« Et ton bagage de 4 kilos 6 que je me suis farci pendant neuf mois, il était en excédent, celui-là aussi ? »

« Ah non, celle-là tu ne peux pas la réutiliser cette semaine, tu l'as déjà sortie pour ne pas avoir à descendre les packs d'eau de la bagnole. »

EST-CE QUE JE PRENDS MON FER À LISSER ? BONNE QUESTION ...
BORDEL, J'ÉTAIS SARCASTIQUE À LA BASE QUAND J'AI DEMANDÉ ÇA ...

PRISON BREAK

Le parc est le moyen le plus facile pour vaquer à vos occupations non parentales sans que le petit n'aille mettre un coup de langue intempestif à la prise électrique du salon. Quand on y pense quelques instants, et qu'on y met un peu de mauvais esprit, je vous l'accorde, on peut vite trouver au parc un certain côté cynique. C'est vrai après tout, mettez-vous deux secondes à sa place. Vous venez de naître, un monde nouveau vous ouvre les bras, rempli de curiosités et de trucs à lécher, et on vous fout derrière les barreaux, et sans procès en plus.

Après, je comprends l'aspect pratique, et dans certains cas, vital, du parc, mais il n'en reste pas moins que ce dernier n'est pas adapté à tous les enfants. Cela dépend de leur mobilité. Si votre gosse se la joue comme maman en mode étoile de mère (et *vlan*, c'est gratuit) vous ne courez aucun risque. Seulement, si l'appel des grands espaces est trop fort et qu'il tient plus du Yamakasi, il risque de vouloir se la jouer *Prison Break*. C'est là que ça peut vite devenir périlleux. Gare à la chute.

TU CROIS PAS QUE C'EST UN PEU ABUSÉ LÀ ? C'EST UNE BOULANGERIE OÙ VOUS ALLEZ, PAS À L'ÉLYSÉE.

SAPÉ COMME JAMAIS

Votre enfant c'est le plus beau, ça ne fait aucun pli. Mais ce n'est pas suffisant, il faut aussi qu'il ait le plus de « swag » possible. Ainsi, alors que vous partez faire une petite bouffe chez des amis, vous passerez une heure à composer la tenue parfaite pour pitchou. Celle qui fera lâcher aux copines des « oh il est vraiment trop chou » ou encore « comment il est mignon dans sa petite chemise à col Mao ». Votre but secret : rendre mortes de jalousie celles qui n'ont pas encore d'enfant et imposer le respect aux autres mamans par votre sens du style. Mais sachez qu'elles ne sont pas dupes. Elles savent très bien qu'à la maison, c'est une autre histoire.

Les cheveux ébouriffés, la morve au nez et la moitié de sa compote étalée sur l'ensemble de sa turbulette. Voilà son vrai visage, leur vrai visage à tous.

On est plus près du diable de Tasmanie que de la nouvelle égérie de Karl Lagerfeld. Alors pas de pression et laissez-le vous accompagner en sortie avec son costume de pirate si ça lui chante.

QU'EST CE QU'IL EST BEAU ! ON POURRAIT LE REGARDER DORMIR TOUTE LA NUIT !
OUAIS, CA VAUT PAS NETFLIX MAIS C'EST PAS MAL QUAND MÊME.

DOUCE HYPNOSE

Ça y est, après neuf mois d'attente, il est enfin là. Votre petit bout de vous, ce petit être que vous avez créé, cette petite merveille est maintenant là, sous vos yeux. À l'instar d'un joli décolleté, les bébés ont un pouvoir hypnotisant. On n'arrive pas à décrocher notre regard et ce, même si les premiers instants de leur vie ont autant de suspense qu'un épisode de *Derrick*.

« Je rêve, ou en à peine deux phrases tu as comparé notre petit ange à une paire de seins et à la série la plus pétée de toute l'histoire de la télévision ? »

« Euh pardon, je voulais juste dire que... »

« Parce que tu crois que regarder onze mecs en short courir comme des dératés après une baballe c'est plus intéressant que regarder ton propre enfant faire ses premiers pas dans la vie ? »

« Non, mais en fait... »

« J'espère que tu l'as bien en mémoire mon décolleté, parce que t'es pas près de reposer ni les yeux, ni les mains dessus. Allez viens, mon ange, on s'en va au parc, on va laisser papa. Il s'ennuie avec nous, apparemment. »

...

Mais qu'est ce qui vient de se passer là, au juste...

MAIS TU VAS SORTIR ?

Je me souviens encore des mois de grossesse de ma femme. Elle était rayonnante et comblée de bonheur. Attendre un enfant semblait alors si facile et si naturel. Puis, plus les mois passaient, moins cela paraissait si épanouissant.

On retrouve souvent ce schéma. Au début vous êtes là, déclamant à tout va qu'avoir un petit être en soi est fabuleux. Perso, je n'ai jamais compris comment avoir un parasite dans le ventre pouvait être si galvanisant. Moi quand je chope un ténia, j'en fais pas des caisses, mais bon passons.

Arrive ensuite implacablement, le dernier trimestre et là, c'est plus la même limonade. On est loin de la future maman à la Soupline que nous étions bien habitués à côtoyer. Là, c'est la maman ours qui fait son entrée, et j'ai bien dit ours, pas nounours, celle qui dévore les promeneurs insouciants. Tous les moyens seront bons pour pousser Tanguy vers la sortie.

« Mangez thaï les filles. Si le mien est arrivé deux semaines avant terme, c'est grâce au curry vert. »

« Mais tu vas arrêter de squatter,
c'est mon livre ! »

« Arrête, c'est peut-être le seul vrai conseil de ton livre. »

MAIS TU VAS SORTIR BORDEL !

OH !
JE PEUX TOUCHER?
À TON CUL?
JE T'EN PRIE
...

LES PLOTEURS

Allez savoir pourquoi, le ventre d'une femme enceinte possède d'étranges pouvoirs. Notamment celui d'attirer tel un vortex les mains baladeuses. Du pote qu'on croise très rarement à la petite vieille qu'on rencontre sur le marché… oui, il y en a toujours une. Ils regarderont votre bidon comme un ado en camp de régime reluque un paquet de Schoko-Bons, et rentreront dans votre intimité sans même votre consentement.

Peut-être ne suis-je qu'un vieux con, mais je n'ai jamais compris cette drôle d'habitude qu'ont certaines personnes à vouloir systématiquement toucher les ventres de femmes enceintes. Selon moi, c'est un privilège réservé aux futurs papas, ainsi qu'aux proches.

Alors j'essaie de comprendre. Peut-être que ça porte bonheur ?

Pour moi, il devrait exister une loi pour les attouchements ventraux intempestifs. On l'appellerait : « Une main sur le bide, les deux dans la gueule. » Je pense organiser un référendum très bientôt.

BAH QUOI ?! C'EST PAS ÇA QUE TU M'AVAIS DEMANDÉ D'ACHETER ?
J'TAI DEMANDÉ DE PASSER PRENDRE DU LAIT ET DES PILES ... ÇA VA VRAIMENT PAS TOI
MINCE

LE DISQUE DUR EN SURCHARGE

Avant, telle une documentaliste spécialisée dans l'embrouille conjugale, vous étiez capable de ressortir des dossiers vieux de cinq ans pour nous les balancer telles des grenades à la gueule. Astuce d'une lâcheté sans pareille, certes, mais qui a le mérite de vous faire gagner à tous les coups la confrontation par K.-O. technique.

Cependant il existe une faille. La chose n'est pas secrète : une fois enceinte, les femmes ont, entre autres, certains problèmes de mémoire. Ne sachant plus ce que vous vouliez dire au milieu d'une phrase, vous retrouvant au milieu des rayons du Super U paralysée par le doute, vous serez alors perdue face à ce cerveau qui ne fonctionne plus vraiment comme à l'accoutumée.

Note pour les futurs papas :

Profitez-en pour vous venger. Quand l'ennemi est à terre, faut pas hésiter. Mon astuce : allez jusqu'à lui faire croire qu'elle vous a dit ou promis certaines choses. Si la demoiselle semble perplexe, utilisez ses récentes pertes de mémoire pour appuyer vos propos. Ainsi, elle pourra enfin entrevoir la possibilité que vous ayez... raison ! Et ça c'est magnifique quand une femme vous dit « O.K., t'as raison », vous avez gagné votre journée.

« Non mais ça va pas, toi, de conseiller des choses pareilles... attends un peu, tu m'as déjà fait le coup je suis sûre ! J'avais jamais promis de me déguiser en Xena pour ton anniversaire ! Salaud ! »

FAIRE-PART

Le faire-part, ou comment annoncer à votre entourage la naissance de votre petit bout et ce, de la façon la plus originale possible.

Certains n'hésitent pas à lâcher un billet en confiant cette tâche à des professionnels. C'est de l'argent en moins certes, mais des soucis en moins aussi. D'autres, plus courageux, s'en chargent eux-mêmes. Et là, grosse galère en vue.. Car vous aurez forcément trouvé, sur ce site à la con qu'est Pinterest, de superbes modèles pour vous inspirer. Confiante, vous partirez tête baissée dans votre projet, embarquant au passage votre pauvre mari qui aurait préféré rester devant Netflix, le rassurant en disant que ça ira vite vu qu'il ne vous a fallu que quinze minutes pour réaliser le prototype. Seulement, vous omettez de préciser qu'il faut en réaliser pour la famille et les potes et, quand je dis famille, j'inclus aussi l'arrière-grand-oncle perdu au fin fond de l'Ariège que vous n'avez pas revu depuis vingt-cinq ans.

Et donc les quinze minutes initiales deviennent quinze heures à plier, coller, mettre sous enveloppe... bref l'éclate totale. Il est clair qu'en tant que jeunes parents on adore faire des travaux manuels pour occuper nos rares temps libres.

Non, moi je dis : un mail groupé avec une pièce jointe et c'est plié.

BON OK, J'AI PEUT-ÊTRE UN CHOUIA ABUSÉ POUR LE FAIRE-PART ...
!!
BOY

ATTENDS DEUX SECONDES
...
NON, C'EST RIEN,
C'EST JUSTE UNE MOUCHE
QUI TAPOTE
SUR SA FENÊTRE.

OUÏE FINE

Je ne sais pas si c'est une sorte d'instinct animal primaire qui se réveille brusquement, mais il est clair que quelque chose a changé en vous. Une fois votre enfant venu au monde, vous voilà affublée d'une ouïe si fine qu'elle n'a rien à envier à un sonar de sous-marin nucléaire. Vous êtes même capable, grâce à une sorte de sixième sens, de bondir hors du plumard en faisant valdinguer la couette à l'autre bout de la chambre quelques secondes avant que bébé ne commence à pleurer.

Si j'avais su, je n'aurais pas claqué 100 balles dans un babyphone tout moisi.

PLACES ASSISES

Quelle femme enceinte n'a pas été confrontée à ce que j'appelle les « bâtards en commun » dans des transports bondés ?

Cette vermine agit toujours de la même façon. Ils feignent de ne pas avoir remarqué que vous êtes là, debout, subissant les à-coups du trajet et ce même si vous leur en collez votre ventre sous le nez. Vous pouvez bien sûr signaler votre présence et leur demander de vous céder leur place. Mais il se peut que ces individus, atteints de cécité sélective, assument leurs saloperies jusqu'au bout et vous répondent : non. Ici, la personne vous dit clairement : « Oui, je suis un enculé, et ça va, je le vis bien ! »

Vous pourriez lui tasser le globe oculaire à l'aide de vos talons aiguilles et être relaxée par le tribunal en fin d'après-midi, mais avant d'en arriver à de tels extrêmes, soufflez un grand coup.

Enfin, relativisez en vous disant qu'il aura aussi une place assise bien au chaud en enfer, juste à coté d'Hitler.

« ... et du gars qui a inventé le vin sans alcool. »

OH MON DIEU
MON ÉNORME NIBARD
EST ENCORE SORTI
TOUT SEUL
DE MON SOUTIF
...

MAINTENANT QUE
J'AI VOTRE ATTENTION
MESSIEURS,
SERAIT-IL POSSIBLE QUE
L'UN D'ENTRE
VOUS ME CÈDE SA PLACE ?

MOUSTIQUE TIGRE ? ALLERGIE ? BRÛLURE CHIMIQUE ? DERMATITE ATOPIQUE ? CANCER DE LA PEAU ?
NON, LAIT QUI SORT DU MICRO-ONDES ...

TEMPÉRATURE LAITALE

Encore un geste qui montre à quel point l'esprit de sacrifice est omniprésent dans la vie de parents. Alors oui, en soi, ce sont des grands mots pour un geste banal, mais si on s'arrête deux minutes sur la symbolique, on en décèle toute la portée .

Cela revient tout simplement à offrir votre avant-bras en sacrifice afin de savoir si le lait de votre bambin est à la bonne température. Sans réfléchir, vous placez son bien-être avant le vôtre. Quitte à vous brûler au troisième degré. Ce n'est pas grave, c'est même normal.

Attention aux parents qui utilisent un micro-ondes pour chauffer le lait. Un simple oubli de quelques secondes peut conduire à de douloureuses conséquences. Ainsi, si en testant la température du lait sur votre avant-bras, vous ressentez quelques petits picotements et que votre peau commence à faire des bulles, je vous conseille d'appeler le 15 et de demander le service des grands brûlés.

CICATRICE DE GUERRE

Comme Rambo, vous êtes partie au combat et avez vous aussi survécu à votre propre Viêtnam. Bon y avait moins d'hélicos et de Viêt-Cong dans la salle de travail, mais quand même, c'était une sacrée boucherie. Il y a eu du sang, de la douleur et des cris, mais bordel vous l'avez gagnée, cette putain de guerre !

Certaines sont sorties de cette épreuve sans une égratignure, d'autres ont récolté quelques points de suture au passage, mais toutes ont réalisé l'incroyable.

Le côté « badass » de la cicatrice mis à part, c'est aussi selon moi une marque indélébile qui vous rappellera à vie ce que vous avez accompli. Comme une médaille du courage en somme. En plus, ça a un petit côté sexy, du genre guerrière. Qui n'a pas rêvé un jour d'avoir Rambo dans son lit ?... enfin je veux dire...

« Ah ah, grillé ! »

MOI AUSSI J'AI RÉCOLTÉ QUELQUES CICATRICES AU FRONT, ARRÊTE DE TE LA RACONTER.
?!

CLIC

LE POT

C'est un objectif commun à tous les parents du monde. Quand votre enfant pose sa première pêche dans le pot, c'est un véritable événement. Tellement galvanisée par cet exploit, votre premier réflexe sera d'attraper votre Smartphone afin d'envoyer la photo avec un joli filtre sur les réseaux sociaux. Heureusement pour nous, vous vous ravisez, enfin, pour la plupart…

La parentalité apporte son lot de choses inédites, comme le fait d'être en extase alors que, « basiquement », on a une pauvre merde sous les yeux. Pas la peine de préciser que je ne parle pas du gamin, je ne suis pas un monstre.

Tout le monde a sa technique pour atteindre l'objectif. Ma préférée consiste à coller des autocollants de personnages qu'il aime bien au fond du pot. « Regarde, c'est Mickey ! Tu l'aimes bien, Mickey ? Alors pourquoi tu coulerais pas un gros bronze sur sa gueule ? » Logique, non ? Avec cette méthode, ne soyez pas étonnée si un jour il vous exprime son amour d'une manière peu conventionnelle.

FUCK LE STYLE

Vous avez beau être une femme qui ne déconne pas avec le style, une fois enceinte, arrivera forcément le jour où vous troquerez votre jean slim contre un beau gros jogging des familles, à pression, de préférence. Finies les acrobaties quotidiennes avec vos talons aiguilles de dix centimètres, maintenant c'est Crocs, et kaki en plus. Oui, on s'en bat les couilles maintenant.

S'habiller comme un sac est en réalité l'un de vos nombreux plaisirs coupables. Il n'y a qu'à voir comment vous vous métamorphosez une fois arrivée à la maison après une journée de boulot. Vous ne trompez personne.

Note pour les messieurs qui lisent par-dessus votre épaule. Attention les gars, après avoir goûté au confort du jogging, elle n'hésitera pas à piocher allègrement dans votre garde-robe, déformant sans vergogne vos plus belles pièces. Alors un conseil les mecs : coffrez vos T-shirts Waïkiki collector dès qu'elle vous annoncera qu'elle est enceinte.

DÉSTOCKAGE
LOUBOUTIN
10€

COSTUME

Un bon moyen de se venger de tous les réveils nocturnes et autres désagréments que vous fait subir votre rejeton, sans pour autant passer pour un parent indigne : quoi de plus innocent et mignon qu'un gamin en costume d'elfe de Noël ? Mais, par contre, ce que personne ne sait, c'est que vous allez prendre des photos... Que ces photos, vous allez les garder précieusement dans un album

où elles patienteront bien à l'abri pendant plusieurs années. Arrivera le moment opportun, de préférence le jour où il vous présentera sa première petite amie. Et là, BIM ! vous ressortez les dossiers. Photos dont il ne connaissait pas l'existence et qui anéantiront aussitôt le côté jeune rebelle qu'il s'efforce de cultiver.

Tu pensais que j'avais oublié la fois où tu m'as balancé ta purée de carottes à la gueule ? Bah non mon gars !

« Putain, mais c'est génial comme plan ! Non là, chapeau. Attends, j'ai repéré un super costume de farfadet sur Amazon. »

À ce jeu, c'est ma mère la boss, elle a carrément mis une photo de moi déguisé en léopard sur le frigo... Elle y trône depuis maintenant quinze ans.

EXORCISME

Votre petit amour, aussi angélique soit-il, cache en lui un petit diable qui ne demande qu'à sortir de sa boite.

Attention, car le déclencheur peut être n'importe quoi. Un peu d'eau renversée sur le body ou bien encore vous, qui ne voulez pas lui raconter sa vingt-cinquième histoire du soir. Préparez-vous à subir une grosse, que dis-je, une énorme, colère. Dans une telle situation, il n'y a malheureusement rien à faire. Attendez que la tempête retombe, en vous protégeant des postillons et des jouets balancés au hasard.

Un dernier avertissement s'impose. Il peut arriver que bébé, durant son interprétation personnelle de *L'Exorciste*, continue de pleurer mais qu'aucun son ne sorte de sa bouche. Dès que vous observez ce phénomène, reculez d'un pas ou tendez les bras si vous le portez. Histoire de vous en éloigner le plus possible, car quand le mode silencieux sera désactivé, ça risque de faire très mal. Rassurez-vous, il ne vous faudra que deux ou trois jours pour que votre audition revienne à la normale.

TA MÈRE SUCE
DES BIBZ EN ENFER !!!
MON DIEU, C'EST MON GOSSE ÇA ?

...
À TES SOUHAITS
...
SNIF

LES FLUIDES

Autant se le dire tout de suite, la vie de parent ce n'est pas que gazou-gazou et bisou-bisou. Non, c'est aussi souvent la merde, et là je parle au sens littéral. Oui, je sais. Je suis cru, mais là on parle de la vraie vie, bordel. On parle des fois où vous changez votre gamin et que, brusquement il bouge, vous laissant apprécier du bout des doigts la « consistance » du paquet tout chaud qu'il vient de vous sortir. On parle des moments où, alors que vous vous approchez pour lui donner un petit bisou, vous ne recevez que morve et postillons à la suite d'un éternuement qui restera dans les annales.

Au début, vous serez dégoûtée par tous les fluides que cette petite chose est capable de produire. Mais avec le temps, vous vous endurcirez. Aller chercher un mouchoir dans la salle de bains pour le moucher, pour quoi faire ? Place au pragmatisme : votre doigt ou votre manche suffiront amplement.

ALIEN

Pas la peine de paniquer si votre gamin a décidé d'entamer une petite partie de Twister en solo dans votre ventre. Je vous rassure, il ne sortira pas de celui-ci comme un diable de sa boite ou comme un alien, pour les femmes qui ont de la « culture ». À les voir gesticuler comme ça, on pourrait penser qu'ils cherchent juste un moyen de sortir de ce bourbier.

« Qui est-ce que tu traites de bourbier ? »

... Je disais donc qu'il essaie de trouver le chemin de la sortie. Mais le pauvre petit n'a pas encore le sens de l'orientation, quand on y pense, c'est fou, il tient déjà de vous avant même sa venue au monde.

« Tu cherches la merde, toi... »

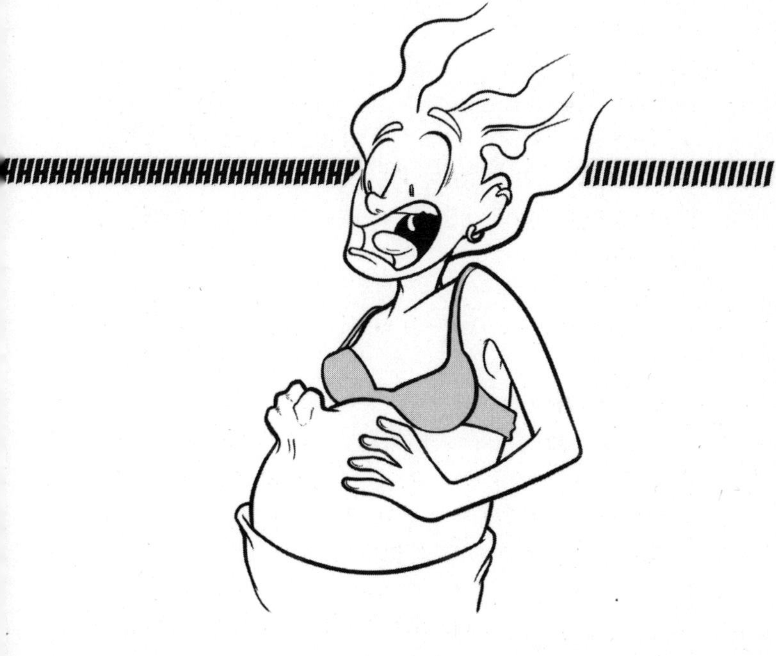
HHHHHHHHHHHHHHHHHHHHHH

Et donc, ne sachant pas encore bien s'orienter, votre enfant cherchera son chemin à tâtons. Oui je sais, c'est plus à base de coups de pied et directs du droit qu'à tâtons, mais bon, la subtilité n'a jamais été le fort des nourrissons. Rassurez-vous tout de même, un jour ou l'autre il saura trouver son chemin, soyez-en sûre.

Mouhahah (est-ce nécessaire de préciser que c'est un rire diabolique ?)

CÉSARIENNE

La césarienne est aujourd'hui considérée comme un acte chirurgical banal. Plus d'un enfant sur cinq vient au monde par cette voie. Cette technique est tellement entrée dans les mœurs que certains en dénoncent la systé-

matisation. On parle alors de césarienne de confort. C'est sûr que se faire ouvrir le bide, ne pas pouvoir vous marrer pendant des semaines sous peine d'avoir la sensation que vos tripes se font la malle, et avoir en prime une jolie cicatrice, ça, c'est le confort ultime ! Césarienne de confort, encore un terme *catchy* inventé par un adepte du bondage à l'ancienne.

Après, je comprends que vous ne creviez pas d'impatience à l'idée de faire passer un être tout entier par votre petit vestibule. On se demande si le locataire de votre Airbnb intime va bien tout laisser dans l'état où il l'a trouvé ; qu'aucun bibelot ne soit endommagé et que la moquette reste propre.

De plus, grâce à la césarienne, votre bébé n'aura pas la gueule déformée en ayant appuyé comme un teubé avec son front pendant des heures sur votre paroi utérine. Et ça, pour votre Insta, c'est quand même un plus.

THE SENTINEL

Si vous avez grandi dans les années 90 comme moi, vous devez sans doute vous souvenir de la série qui passait à l'époque sur M6 intitulée *The Sentinel*. On y suivait les enquêtes de l'inspecteur Jim Ellison qui avait la particularité d'avoir ses cinq sens ultradéveloppés.

Pourquoi je vous parle de cette vieille série vous demandez-vous ? Eh bien, je pense que le créateur de *The Sentinel* s'est inspiré de sa femme, qui devait être enceinte à l'époque, pour écrire son scénario.

L'odorat surdéveloppé est encore un de ces mystérieux symptômes que développent certaines femmes aux débuts de leur grossesse. Ainsi, tels de fins limiers, elles sont en mesure de savoir ce que leur homme a mangé à midi ou bien encore de reconnaître le subtil parfum du tabac froid. Même nos subterfuges les plus élaborés, comme se laver les mains à la javel, et faire plusieurs bains de bouche au Destop, sont sans effet. C'est mort, rien ne pourra leur échapper.

DIS-DONC TOI ! TU SERAIS PAS ALLÉ AU MAC DO SANS MOI PAR HASARD ?!
CHÉRIE ... C'ÉTAIT Y A DEUX JOURS ET TU ÉTAIS AVEC MOI ...
SNIF SNIF SNIF
OUAIS, OUAIS ... ÇA PUE L'ARNAQUE ET LES CHICKEN NUGGETS TON HISTOIRE

Un conseil mesdames : avec un tel don, pourquoi le gâcher à mener la vie dure à votre moitié ? Profitez-en pour aller chercher des truffes, ça vous donnera l'occasion de faire de belles balades en forêt et ça remboursera une partie des frais de clinique.

« Mince, ça veut dire que j'avais un tel don avant même de tomber enceinte, alors... »

« Pourquoi tu dis ça ? »

« Bah, question truffe, je sais pas combien vaut le prix au kilo, mais avec toi, c'est carrément le crédit de l'appart que je peux rembourser. »

« ... Touché. »

MON FILS, MA BATAILLE

Être mère vous fera enfiler une multitude de casquettes. Vous serez donc en charge de son bien-être, de son confort et de sa santé. Vous serez son guide, son mentor, sa première chérie aussi si vous avez un petit gars, mais vous serez également son garde du corps personnel.

Vous pouvez avoir passé une bête de journée, train à l'heure, augmentation au boulot et ragots croustillants sur votre ennemie jurée, il suffira que Pitchou se soit égratigné le genou à la crèche, pour que tout ça ne vale plus un clou.

Un courage qui vous était jusqu'alors inconnu vous anime. Vous êtes prête à tout pour que Pitchou soit en sécurité. Dans le règne animal, on peut observer que la quasi-totalité des femelles mammifères se la joue Rambo quand il s'agit de la sécurité de leur progéniture.

PRENEZ-MOI À SA PLACE !!!
RAJOUTE PAS ... C'EST QUE DES BOURDONS

Je pense cependant que c'est aussi se mettre énormément de pression pour quelque chose qu'on ne contrôle pas forcément. Qui n'a jamais eu cette idée un peu conne, à la vue de son gamin qui souffre, de vouloir prendre sa douleur à sa place ? Alors que la douleur, toute proportion gardée, est formatrice. Ainsi, ne vous sentez pas mal si la petite tombe du canapé alors qu'elle était sous votre surveillance. Moi, ça m'arrive tout le temps et j'ai su relativiser.

SHARKNADO

Ça y est, elles sont enfin arrivées ! Pitchounou, après quelques nuits difficiles et une vilaine montée de fièvre, a enfin sorti ses premières dents. YouHou ! Eh bien youhoutez pas trop si vous voulez mon avis...

La plupart du temps, les premières dents qui apparaissent sont les incisives. Maintenant, attardons-nous sur leur fonction. Incisive vient du verbe inciser. Inciser est un synonyme de trancher, couper, taillader, découper ou bien encore entailler. Rien de bien réjouissant pour l'avenir, selon moi. Surtout si vous êtes encore en train d'allaiter. Loin de moi l'envie de vouloir faire mon gros lourd, j'ai personnellement subi ce que l'on pourrait appeler un fugace épisode de morsure mammaire. Le petit ne devait pas être bien réveillé, à mon avis. Bref, permettez-moi de vous dire que ça fait un mal de chien. Un peu comme si votre délicat téton était aux prises avec un minuscule piège à loup.

LES PREMIÈRES DENTS .

LES PREMIÈRES DENTS QUAND ON ALLAITE.

C'est vrai qu'ils sont craquants avec leurs sourires édentés, mais méfiez-vous. La nature a souvent caché ses dangers derrière une beauté pure et sans pareille, à l'image de certaines espèces de grenouilles vénéneuses, de superbes plantes carnivores ou encore de vous, mesdames.

« Non mais sérieux t'es vraiment... Attends, t'as dit que j'étais d'une beauté pure et sans pareille... ça va, je passe... pour cette fois. »

ROC FAMILIAL

On dit souvent, et à juste titre, qu'être mère est un boulot à plein temps. Mais pas un boulot à la cool genre maître-nageur. Attention, je n'ai rien contre les maîtres-nageurs, mais entre un mec qui bosse sur les chantiers et l'autre qui passe sa journée en moule-bite assis sur une chaise haute, avouez qu'il y a des métiers plus durs que d'autres.

Bref, être mère disais-je donc, revient à vous placer au rang de Roc de la famille. Le petit veut manger, le chat veut des caresses et le père veut les deux. Voilà votre lot quotidien, répondre aux attentes de tout le monde. Et vous alors, dans l'histoire ? Prenez du temps pour vous, échappez-vous le temps d'une soirée entre copines, sinon vous courez droit vers le *burnout* familial. Rassurez-vous, ils s'en sortiront très bien sans vous. De toute façon, il faut bien un jour qu'ils grandissent et qu'ils prennent leurs responsabilités…

« C'est vrai ça ? Donc j'ai raison de garder espoir ? »

« Euh… je parle du bébé et du chat, hein.
Non parce que pour nous, les hommes,
c'est déjà mort, fais-toi une raison. »

TOUT CONFORT

Une fois enceintes, notre rôle à nous, futurs papas, est de nous assurer que votre grossesse se passe de la manière la plus confortable possible. Vous êtes maintenant la chose la plus précieuse de l'appartement, encore plus précieuse que notre PlayStation, c'est vous dire. Par conséquent nous veillons désormais à ce que votre environnement soit le plus adapté possible et tant pis si on a mal au cul à être assis par terre pendant tout le film.

On se sent responsable après tout, c'est nous qui vous avons mises dans cet état... Bien que vous étiez partante à la base en toute connaissance de cause. Faudrait peut-être penser à assumer, non ?

Ça me rappelle l'expression toute pétée que ma mère me sortait : « On te donne ça (montrant son doigt), tu prends ça (montrant maintenant tout son bras). » Que l'on vous chouchoute est complètement normal, mais faut pas non plus abuser. Laissez-nous au moins un oreiller, le plus petit, on s'en tape, ou quelques centimètres carrés de plaid. On veut bien être gentil, prévenant et tout, mais y en a marre. Moi, quand j'ai trop mangé et que je suis obligé de desserrer ma ceinture, je n'en profite pas pour coloniser tout le canapé. J'ai un minimum de savoir-vivre.

« T'inquiète, tu vas en profiter du canapé... ça va devenir ton meilleur pote, même. »

CHÉRI, J'AI MAL AU COU TU PEUX ME PASSER ENCORE UN OREILLER STEUP ?

OUAIS BON, BAH MAINTENANT C'EST SHORTY
...

LE SHORTY

Arrivée à un certain moment de votre grossesse, vous réalisez vite que certaines choses que vous aviez l'habitude de faire deviennent nettement plus acrobatiques. Par exemple, toute la zone située sous votre ventre sera désormais plus difficile d'accès. Mettre ses chaussures sera un défi de tous les jours. Quant à les enlever, je n'en parle même pas. Oubliez aussi de vous faire vous-même le maillot : à moins de posséder la souplesse d'une gymnaste sud-coréenne ou d'utiliser un savant système de miroirs interposés, c'est mort.

Il y a un moment où il faut privilégier le pragmatisme. Petit conseil, si jamais votre homme vous fait remarquer que votre ticket de métro habituel a tendance à virer au pass Navigo, empruntez-lui sa tondeuse. Ça fera le plus gros du travail et ça lui apprendra, à ce goujat.

« Pass Navigo, sérieusement ?! »

Non, mais c'est parce que ça couvre plus de zones, en fait...

MOBILITÉ

Ça paraît con de le dire comme ça, mais oui, en effet, il vous sera désormais plus difficile de vous mouvoir au quotidien. Finis les petits sauts de gazelle et vos chorées qui feraient pâlir de jalousie Shakira. Maintenant, c'est un pas après l'autre, une main calée dans le dos, l'autre posée sur le *medecine ball* qui, il y a longtemps, vous servait de ventre. Vos pieds sont portés disparus depuis déjà plusieurs semaines, ce qui n'arrange en rien la précision de vos déplacements. Ne vous étonnez pas si vous renversez quelques bibelots dans votre sillage. Vous en êtes même à envisager de vous faire poser un radar de recul.

Je vous recommande d'éviter les situations qui pourraient vous mettre dans l'embarras comme vous rétamer au sol, par exemple. Il n'y a qu'une femme enceinte qui a trébuché qui peut véritablement comprendre le profond désespoir de la tortue bloquée sur sa carapace. Alors pas de conneries les filles, rangez vos genouillères et le BMX, le skatepark attendra.

SALUT CHÉRI ! JE SUIS BIEN CONTENTE DE TE VOIR RENTRER. ÇA FAIT 4 PLOMBES QUE JE SUIS BLOQUÉE LÀ.
LE PROCHAIN ENTRAINEMENT C'EST DANS LE CANAPÉ AVEC UN POT DE HÄAGEN-DAZS DANS CHAQUE MAIN.

POUR CONCLURE...

Il y a encore beaucoup de choses à dire. Cependant, je vais m'arrêter là, pour l'instant. Après tout, qui a envie qu'on lui raconte tout le film à peine installé devant l'écran...

« Arrête, je t'ai grillé ! »

« Quoi... je ne vois pas de quoi tu parles. »

« T'es en train de copier mot pour mot la conclusion de ton dernier livre, tu t'autopompes, c'est moche ! »

« Alors déjà, je ne m'autopompe pas. Je ne suis pas assez souple. Et d'autre part, comment veux-tu que je conclue sur un sujet aussi vaste que la maternité ? »

« Je sais pas moi, c'est toi l'auteur, exprime ton ressenti. »

O.K. ! Alors la vérité, c'est que je vous voue, à vous (marrant comme tournure), les mamans, un profond respect.

Il est étrange de voir à quel point la condition de la femme dans le monde peut être sujet à tant d'inégalités, alors que vous possédez un tel pouvoir. Je ne fais pas seulement allusion à la faculté de donner la vie, mais à votre don inné d'être le pilier central de la famille. Celle vers qui tout converge.

Alors oui, des fois vous êtes à bout, marre de devoir porter autant de casquettes, marre de fournir autant d'efforts. Mais l'oncle Ben n'a-t-il pas dit : « Un grand pouvoir implique de grandes responsabilités » ? C'est pour cela que je resterai toujours convaincu que vous êtes et resterez les véritables boss de l'humanité.

Et quand on voit comment l'humanité part en couille, je me dis que finalement vous faites pas du si bon boulot que ça...

« Tu pouvais pas t'en empêcher, hein ? »

TABLE DES MATIÈRES

À LIRE AUSSI

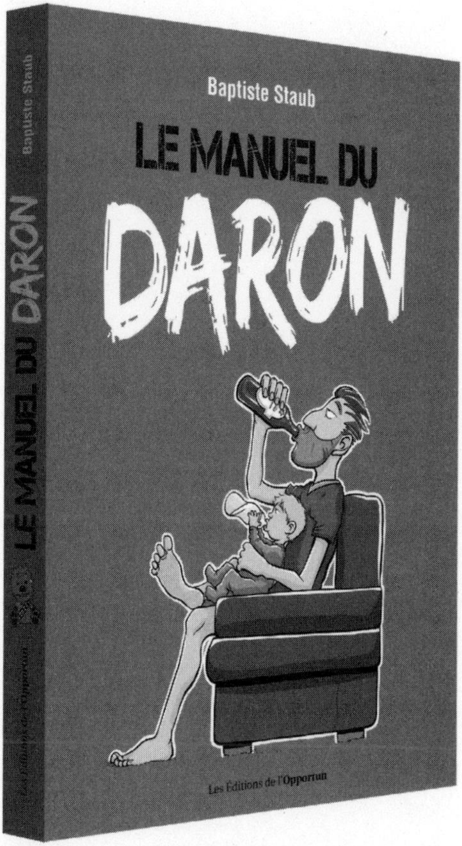
Baptiste Staub
LE MANUEL DU
DARON
Les Éditions de l'Opportun
Baptiste Staub
LE MANUEL DU DARON
Les Éditions de l'Opportun

Imprimé en Espagne par
Liberdúplex
à Sant Llorenç d'Hortons (Barcelone)
en avril 2019

ISBN : 978-2-36075-661-2
Dépôt légal : mai 2019
000561/61